Wiera, gelegen an der Bahnstrecke Treysa/Marburg sowie an dem gleichnamigen Flüßchen. Nahe des langgezogenen Ortes, auf dem „Heidelberg", wurde ein bedeutendes Hügelgrab freigelegt (oben und rechts).

Wiera, on the little river of the same name, is situated on the railway section between Treysa and Marburg. Nearby, on the "Heidelberg", a tumulus of considerable importance was discovered (top and right).

Florshain muß um 1520 entstanden sein. In der schönen Fachwerkkirche gibt es einen Taufstein, in den diese Jahreszahl eingemeißelt ist.

Florshain probably dates from 1520, the date chiselled into the baptismal font in the beautiful half-timbered church.

Französische Familiennamen auf Gräbern in Frankenhain (oben) erzählen von der Herkunft der Dorfbewohner: Geflüchtete Hugenotten siedelten sich um 1700 hier an. In der Kirche (1754) wurde bis zum Ausgang des 18. Jahrhunderts ausschließlich französisch gepredigt.

French surnames on graves in Frankenhain (top) reveal the origins of the village inhabitants: refugee Huguenots settled here around 1700. In the church (1754), services were conducted exclusively in French right up to the end of the 18th century.

Rommershausen, gesehen von Frankenhain aus (links). Das Schloß wurde Mitte des 16. Jahrhunderts für einen Ratgeber des Landgrafen, Richart Rinck, erbaut. Die herrlichen Portal-Bildhauerarbeiten von Philipp Soldan verbinden Elemente der Gotik und der Renaissance.

Rommershausen, viewed from Frankenhain (left). The castle was built in the mid-16th century for Richart Rinck, one of the Landgrave's counsellors. The splendid portal sculpture work by Philipp Soldan combines Gothic and Renaissance elements.

Dittershausen in dichter Nachbarschaft von Rommershausen geht auf ein Adelsgut der Familie von Dörnberg zurück. Oben Blick auf ein schönes Gehöft, rechts eine Ortsansicht.

Dittershausen, situated very close to Rommershausen, goes back to property owned by the noble family von Dörnberg. At the top a view of a fine farmyard, on the right a view of the town.

Kirchturm in Allendorf/Landsburg (ganz links).
Nahe des Dorfes wurde seit 1891 Basalt abgebaut, unter der Dorflinde (Mitte), auf Putz verewigte Erinnerung an die Landsburg.
Der Ort führt noch heute den Namen eines frühen Baues der Grafen von Ziegenhain: Die Burg ist schon im 16. Jahrhundert verfallen (links).

Church spire in Allendorf/Landsburg (far left).
Basalt has been quarried near the village since 1891, under the village linden tree (centre), a souvenir of the Landsburg preserved for posterity in plaster.
The place still bears the name of an early construction of the Counts of Ziegenhain. The citadel was already a ruin in the 16th century (left).

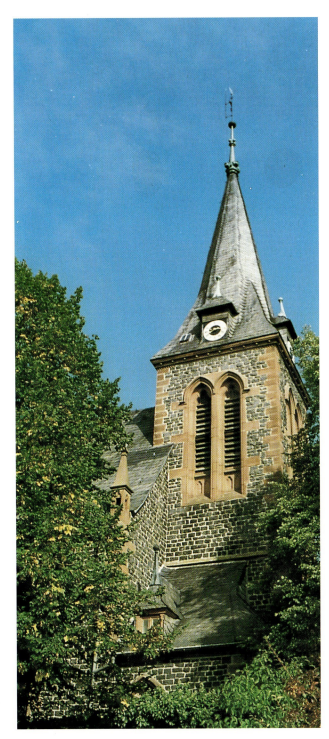

Anwesen und Durchfahrtsstraße im alten Töpferdorf Michelsberg.

Building in the old potter's village of Michelsberg.

Rörshain liegt ruhig und doch verkehrsgünstig, nicht weit von der B 254 Schwalmstadt/Homberg. Stolzes Fachwerkhaus mit Steingeschoß und umlaufender Loggia: Eingangsgebäude des um 1940 eingerichteten Militärflughafens (oben rechts).
Imposante Fachwerkscheune ausgewiesen als geschichtliche Bedeutung einer großen Hofanlage des 19. Jahrhunderts (unten).

Rörshain lies in a peaceful yet easily accessible location, not far from the B254 Schwalm/Homberg road. Impressive half-timbered house with one storey of stone and surrounding balcony: Entrance building to the military airfield set up around 1940 (top right).
Imposing half-timbered barn of proven historical importance as part of a large farmyard complex of the 19th century (bottom).

Niedergrenzebach, gelegen zwischen dem Kottenberg und Ziegenhain, besitzt einen schönen alten Ortskern und das gefragte Neubaugebiet "Am Lohberg".

Niedergrenzbach, situated between the Kottenberg hill and Ziegenhain, has a beautiful old town centre and the popular new district "Am Lohberg".

Einen besonders hübschen Anblick bietet Niedergrenzebach von der neuen Umgehungsstraße Ziegenhain aus.

A particularly attractive view of Niedergrenzbach seen from the new Ziegenhain ring road.

Meadow in the woods above Trutzhain, near the internee graveyard is the memorial (left).

Outskirts of Trutzhain, which became an independent municipality in 1951. Many of those driven away from their homeland had settled down at the place of their "temporary accommodation" (top).

Former shacks, in the background the modern Catholic church (right).

Waldwiese oberhalb von Trutzhain, nahe des Interniertenfriedhofes mit Gedenkstätte (links).

Ortsrand von Trutzhain, das 1951 selbständige Gemeinde wurde. Viele Vertriebene hatten sich am Ort ihrer „behelfsmäßigen Unterbringung" niedergelassen (oben).

Ehemalige Baracken, im Hintergrund die moderne katholische Kirche (rechts).

Das Baujahr der schön gelegenen kleinen Kirche in Ascherode läßt sich nicht mehr feststellen. 1897 wurde sie erweitert (links).
Malerisches Motiv in Ascherode (rechts oben).
Schönes Fachwerk in Ascherode.

It can no longer be established when exactly the beautifully situated little church in Ascherode was built. In 1897, however, further construction took place (left).
Picturesque motif in Ascherode (top right).
Attractive half-timbering in Ascherode.

Luftaufnahme von Ziegenhain, im Vordergrund und auf dem Foto oben rechts das Gelände der Segelflieger, die hier seit mehr als 50 Jahren beheimatet sind.
Neugebauter Firmensitz der Schuhfabrik Rohde auf den Schwalmwiesen zwischen Ziegenhain und Ascherode. Seit 1947 hat sich das Unternehmen internationalen Ruf erworben (rechts unten).

Aerial view of Ziegenhain, in the foreground and in the photo top right the airfield for the gliders, used as such for the last 50 years.
Head office of the Rohde shoe factory, newly built on the Schwalm meadows between Ziegenhain and Ascherode. The company has made an international reputation for itself since 1947 (bottom right).

Schönes verschindeltes Haus in der Festung als Kontrast zu den stattlichen Fachwerkhäusern.
Dieser romantische Blick aus dem Fenster der „Alten Wache" bietet sich dem Besucher des heutigen Verkehrsbüros (ganz rechts).

Beautiful shingled house in the ramparts contrasting with the stately half-timbered houses. This romantic view from the window of the "old guardhouse" can be seen by the visitor to the present-day tourist office (far right).

Der um 1620 erbaute Burgsitz am kleinen Paradeplatz ist bereits seit 1876 Gasthaus Rosengarten (links).
Haustür des Vogelischen Hauses in der Muhlystraße, ursprünglich Portal des Hauses des Abts von Hersfeld (rechts).

The landgrave's manor at the small parade ground built around 1620 has been the Rosengarten Inn since 1876 (left).
Front door of the Vogel's house in the Muhystraße, formerly the portal of the house of the Abbot of Hersfeld (right).

Hauptaufgang zum Museum der Schwalm mit Kunstkabinett, das seit den 30er Jahren hier untergebracht ist. Schon das Vorgängergebäude im Gouverneursflügel des Schlosses trug den Namen „Steinernes Haus".

Main entrance to the museum of the Schwalm with its art cabinet that has been housed here since the thirties. Its predecessor in the Governor's wing of the castle also bore the name "Steinernes Haus".

Die Hauptwache am Paradeplatz, erbaut 1769 im Zuge der Umgestaltung der Exerzierfläche. Das Gebäude ist jetzt Sitz des Verkehrsbüros (oben). Das Steinerne Haus (rechts im Bild) umschließt von drei Seiten einen kleinen Hof. Es war von jeher ein repräsentatives Domizil: Seit 1363 Burgsitz, später Wohnung des Festungskommandanten und schließlich Landratsamt (1855 bis 1892). Daneben das ehemalige Pfarramt II, heute Gasthaus (großes Foto).

The Main Guard House at the parade grounds, built in 1769 when the drill square was being redesigned. The building now houses the tourist office (top). The Steinernes Haus (on the right in the picture) encloses a small courtyard on three sides. It always was a distinguished domicile: since 1363 the seat of the Landgrave, later the home of the Commandant of the fortress, and lastly the Landratsamt (1855 to 1892). Next to it the former Parish Office II, today an inn (large photo).

Blick durchs Lüdertor Richtung Paradeplatz mit Hauptwache und Steinernem Haus (oben).
Der Schloßturm, vom Kleinen Wallgraben aus gesehen (rechts).

Looking through the Lüdertor - *Lüder Gate* - towards the parade ground with the Hauptwache - *Main Guardhouse* - and the Steinernes Haus (top).
The castle tower, seen from the small moat (right).

Beim Brautzug entfaltet sich die größte Pracht der Schwälmer Tracht. Eine „geschappelte" (zur Trauung angekleidete) Hochzeitsgesellschaft ist regelmäßig beim Festzug zur Salatkirmes, immer am zweiten Sonntag nach Pfingsten, zu bewundern.

The wedding procession brings out the full flower of the Schwalm costumes.
A wedding party all dressed up for the ceremony is a regular attraction at the Salatkirmes - *Salad Fair* - procession, always held on the second Sunday after Whitsun.

Ehemaliger Übergang zur Festung mit Blick auf den Neubau der Kreissparkasse (links).

Pforte des früheren Landratsamtes, 1892 zunächst als Flachdachbau errichtet, heute Sitz des Staatsbauamtes (oben).

Der Rangenturm an der Ecke Muhlystraße/Landgraf-Philipp-Straße ist der letzte erhaltene Turm der Stadtbefestigung (rechts).

Former crossing to the fortress with a view of the newly built Kreissparkasse - *District Savings Bank* - (left).

Gate of the former Landratsamt - *Chief District Commissioner's Office* - 1892, originally built as a flat roof construction, today the seat of the Staatsbauamt - *government department of planning and building inspection* - (top).

The Rangenturm at the corner of Muhlystraße and Landgraf-Philipp-Straße is the last remaining tower of the town ramparts (right).

Schlemmers Hof hinter der Wiederholdstraße: In den 80er Jahren wurde das heruntergekommene Anwesen wunderschön saniert und stellt heute eine gelungene Einheit von Geschäften, Wohnungen und einem Café dar (links).
Alter Postschlag gegenüber der heutigen Post an der Landgraf-Philipp-Straße (oben).

Schlemmer's enclosure behind the Wiederholdstraße. In the eighties, the run-down property was superbly restored and is now a fine example of the harmonious unity of stores, apartments and a café (left).
The old mail stage opposite the present-day post office in the Landgraf-Philipp-Straße (top).

Haustür und romantischer Winkel in der Kasseler Straße.

Front door and picturesque corner in the Kasseler Straße.

Reizvolles, großzügiges Fachwerkensemble in der ehemaligen Obergasse, jetzt Kasseler Straße. Es war früher das „Gasthaus zur Traube".

A splendid half-timbered ensemble in the former Obergasse - *Upper Alley* - now the Kasseler Straße. This was previously the "Gasthaus zur Traube" inn.

Im heutigen Gasthaus „Löwe" - neben dem „Neuen" Ziegenhainer Rathaus mit Glockentürmchen (1832) - wurde der große Hessenmaler Carl Bantzer 1857 geboren.

In the present-day "Löwe" inn - near the "new" Ziegenhain town hall with its little bell tower (1832) - the distinguished Hessian painter Carl Bantzer was born in 1857.

Ein unregelmäßiges Viereck schlägt der Wallgraben mit seinen Eckrondellen um die Festung Ziegenhain - eine Anlage, die in dieser Art und Größe einmalig in Deutschland ist.

The moat, in the form of an irregular rectangle, encloses the Ziegenhain fortress with its round corner towers, a structure of this type and size that is unique in Germany.

Junge Leute in Schwälmer Tracht, wie sie vor der Wende zum 20. Jahrhundert ausgesehen hat. Die Idylle erinnert an Carl Bantzers berühmtes Gemälde „Frühlingsspaziergang".

Young people wearing the Schwalm costume as it looked at the end of the 19th century. The idyllic scene brings to mind Carl Bantzer's famous work "Frühlingsspaziergang" - "Spring Promenade"

Winterliche Impression von den überfluteten Schwalmwiesen zwischen Treysa und Ziegenhain. Deutlich zu sehen die Silhouette des Schlosses von Ziegenhain.

Wintry impression of the flooded Schwalm meadows between Treysa and Ziegenhain. The silhouette of the Ziegenhain castle can be clearly seen.

Auf der Anhöhe vor Treysa liegt das Hessische Diakoniezentrum Hephata, die größte evangelische Einrichtung des Landes. Auf dem Areal mit seinen fließenden Übergängen zur Stadt leben und arbeiten in über 100 Gebäuden 2500 Menschen.

On the hill above Treysa stands the Hessian Hephata Welfare and Social Work Centre, the largest Protestant institution in Hessen. Within its confines directly adjoining the town, more than 2,500 people live and work in over 100 buildings.

Blick vom Schwalmberg auf die Altstadt mit Totenkirche (Bildmittte), Stadtkirche (rechts) und Hexenturm (unten rechts).

View from the Schwalmberg over the old town and the Totenkirche (centre), the Stadtkirche - *Town Church* - (right), and the Hexenturm (bottom right).

Schwalmstadt besitzt ein reges Vereinsleben, hier ein geselliges Fest auf dem Schwalmberg (links). Seit 1890 besteht die Brauerei Haaß in der Ascheröder Straße. Das Haus des „Schwalmbräus" geht auf die ehemalige „Brauerei vor der Stadt", gegründet 1820, zurück. Im 17. Jahrhundert besaß Treysa eine Zeitlang das Braurecht für das angrenzende Amt Schönstein (oben).

Schwalmstadt has a lively club life, here a convivial gathering on the Schwalmberg (left). The Haaß brewery in the Ascheröder Straße has been in existence since 1890. The home of the "Schwalmerbräu" - *Schwalm beer* - goes back to the former "Brauerei vor der Stadt" - *Brewery outside the Town* -, founded in 1820. For some time in the 17th century, Treysa owned the brewing rights for the adjoining district of Schönstein (top).

Michaelismarkt in Treysa, alljährlich im September an dem Sonntag, der dem Namenstag des Heiligen folgt. Buden reihen sich dann durch die Straßen der Innenstadt, groß und klein kommen auf ihre Kosten.

Michaelismarkt - *St. Michael's Fair* - is held annually in Treysa on the Sunday following the Saint's name day. The streets in the town centre are lined with booths. There is something for everyone - both large and small.

Gespiegelte Stadtsilhouette mit hell angestrahltem Buttermilchturm (Totenkirche): Der Hochwassereinstau auf den Schwalmwiesen vor der Stadt ermöglicht diesen Blick nach kräftigen Regenfällen oder bei Tauwetter.

Reflection of the town silhouette with the brightly illuminated Buttermilchturm - *Buttermilk Tower* - (Totenkirche): This view can be seen when the water on the Schwalm meadows outside the town is backed up after heavy rainfall or during a thaw.

Treffpunkt und Einkaufszone: Die Bahnhofsstraße ist die belebteste Geschäftsstraße Schwalmstadts (links).

Die Schwälmer Tracht ist weit über die Grenzen der Region hinaus bekannt. Mädchen und Frauen tragen oft mehr als ein Dutzend kniekurzer Röcke übereinander, dazu enge Mieder. Jungen und Männer knielange Hosen, dazu lange Kittel oder zweireihige Westen. Zu den diversen kirchlichen Anlässen in der streng protestantischen Schwalm gibt es besondere Trachtenteile. Zu vielen Gelegenheiten werden die überwiegend originalen, üppig bestickten Trachten gezeigt. Die Farbe der „Betzel" (kleines Häubchen) und der Bänder verrät den Familienstand: „Rot gehen" Kinder und junge Leute bis zur Hochzeit, danach grün. Ältere Frauen wechseln später von lila zu schwarz (rechts).

Meeting point and shopping centre: The Bahnhofsstraße - *Station Road* - is the busiest shopping street in Schwalmstadt (left).

The traditional dress of the Schwalm is well-known far beyond the boundaries of the region. Young girls and women often wear more than a dozen knee-length petticoats along with tight bodices. Boys and men wear knee-length trousers along with long smocks or double-breasted jackets. At diverse Church events in the strongly Protestant Schwalm special traditional garments are worn. On many occasions, lavishly embroidered, for the most part original, costumes are displayed. The colour of the "Betzel" (little cap) and the ribbons gives away the family status: children and young people "go red" until they marry, then they change to green. Older women later wear mauve, then black (right).

Blick in die Wagnergasse, heute verkehrsberuhigte Wohn- und Geschäftsstraße. Wie viele andere Straßenbezeichnungen, erinnert der Name an die zahlreichen Zünfte der Vergangenheit.

View of the Wagnergasse - *Wagonmakers' Alley* -, today a pedestrian priority residential and shopping zone. Like many other street names, this one is a reminder of one of the many guilds of the past.

Der runde, zinnengekrönte Turm am Fuße der Steingasse soll 1609 das Verließ einer der Hexerei beschuldigten Frau gewesen sein und wird deshalb seit etwa 1800 „Hexenturm" genannt (links).

The round crenelated tower at the bottom of the Steingasse is said to have been the dungeon where a woman charged with witchcraft was incarcerated in 1609. Thus, since about 1800 it has been called the "Hexenturm" - *Witch's Tower* (left).

Langgestreckte Rückfront des Hospitals zum Heiligen Geist, das 1367 erstmals urkundlich erwähnt wird (oben).
Das älteste Gebäude des Komplexes an der unteren Steingasse ist die Hospitalskapelle, deren Restaurierung kürzlich abgeschlossen wurde (rechts).

The Hospital zum Heiligen Geist - *Holy Spirit Hospital* - from the rear, first mentioned in documents in 1367 (top).
The oldest building of the complex in the lower Steingasse is the Hospital Chapel, where restoration work has just recently been completed (right).

Das Haus der Familie v. Gilsa in der Steingasse, erbaut 1616 mit Portal aus bossierten Pilastern (ganz links).

Rokoko-Portal in der Steingasse (links oben).

Landgräflicher Wappenstein aus dem Jahr 1719: Als Denkmal erinnert er an die Steintorbrücke (abgerissen 1967), die hier, am Fuße der Steingasse, über die Schwalm führte (links unten).

Die Töpferei Dörrbecker im Töpferweg an der oberen Ringmauer der Stadtbefestigung besteht in der fünften Generation. Wie eh' und je werden Töpferwaren mit traditionellen Schwälmer Mustern verziert (oben).

The house of the v. Gilsa family in the Steingasse, built in 1616, portal with embossed pillars (far left).

Rococo portal in the Steingasse (left).

Stone with coat of arms of the landgrave (1719), a reminder of the Steintorbrücke - *Stone Gate Bridge* - (demolished in 1967), which spanned the Schwalm here at the bottom of the Steingasse (bottom left).

The Dörrbecker pottery in the Töpferweg - *Potter's Way* - in the upper ringwall of the town fortifications has been in the family now for five generations. Pottery decorated with traditional Schwalm patterns is made here in the time-honoured manner (top).

Blick hinab auf Treysa, gesehen von der Stadtmauer aus dem 12. Jahrhundert, zu finden hinter der Totenkirchen (oben).
Die Steingasse verbindet Ober- und Unterstadt. Im Hintergrund erhebt sich das Wohngebiet „Schwalmberg" (rechts).

Overlooking Treysa, view from the 12th century city ramparts, from behind the Totenkirche (top).
The Steingasse - *Stone Alley* - connects upper and lower town. In the background the residential area "Schwalmberg" (right).

Die imposante „Totenkirche" wurde an der Schwelle der Romanik zur Gotik als Pfarrkirche St. Martin erbaut. Unter den mittelalterlichen Kirchen Hessens nimmt sie einen besonderen Rang ein. Im 19. Jahrhundert verfiel sie nach Blitzschlag zur Ruine.

The imposing "Totenkirche" - *Church of the Dead* - was built as St. Martin's Parish Church during the period when Romanesque was moving into Gothic. It enjoys a special position among the Mediaeval churches of Hessen. In the 19th century it fell to ruin after being struck by lightning.

Marktplatz in Treysa: Gepflegte Fachwerkfassaden umgeben das Rathaus der Stadt (1649) und den Marktkumpf (ganz links). Das „Johannismännchen" (links) ist zur Patronsfigur Treysas geworden. Es erinnert an den sagenhaften Johannes Ruhland, der 1683 eine Wasserleitung in die Oberstadt fertiggestellt haben soll.
In der Schwalm überlieferte Geschichten gingen zu Beginn des vorigen Jahrhunderts in deutsche Märchensammlungen ein, allen voran die Grimmschen Kinder- und Hausmärchen. Elisabeth Wade schuf dazu eine „Märchenbuch"-Bronze, die am Marktplatz/Ecke Burggasse aufgestellt wurde (oben).

Market square in Treysa (far left). Elisabeth Wade created this bronze sculptur of a "Fairy Tale Book" (top).

Seit bald 150 Jahren ist Treysa Eisenbahnknotenpunkt. Diese stolze Tradition, die mit der Anbindung auf der Main-Weser-Bahn 1850 begann, pflegen die „Eisenbahnfreunde Schwalm-Knüll". Sie schicken ihre restaurierten Dampf- und Dieselloks regelmäßig auf Reisen. Links ein Blick auf die 1849 erbaute Eisenbahnbrücke über die Schwalm, im Hintergrund der „Buttermilchturm" der Totenkirche (Mitte 13. Jahrhundert).

For almost 150 years Treysa has been a railway junction. The proud tradition, which started on the link-up with the Main-Weser railroad, continues to be nurtured by the "Eisenbahnfreunde Schwalm-Knüll" - *railway buffs*. Their restored steam and diesel locomotives are regularly sent off on trips. On the left a view of the railway bridge over the Schwalm, built in 1849, in the background the "Buttermilchturm" of the Totenkirche (mid-13th century).

Wassergraben, Wall und Eckrondellen - ist in dieser Art und Größe (340 x 430 Meter) einzigartig in Deutschland.

Eine nur mittelbar bekannte Urkunde beschreibt 782 den Ort Siggenbrucca. Um diese Zeit vermutet man im Bereich zwischen Treysa und Ziegenhain ein Königsgut. Das älteste Gebäude ist nach dem Stadtchronisten Heinz Reuter der Wohnturm im Nordosten der heutigen Justizvollzugsanstalt, zu datieren auf die Zeit nach 926.

Von der alten Wasserburg, die 1144 erwähnt wurde, sind nur einzelne Mauerzüge bekannt. Eine befestigte Siedlung oder auch militärisches Lager ist um 1183 nachweisbar, 1243 gibt es eine Kapelle (am selben Standort 1665/67 heutige Schloßkirche), 1274 ist von Stadtrechten die Rede.

Als der letzte Graf von Ziegenhain 1450 kinderlos starb, fielen Stadt und Grafschaft an Hessen. Um 1470 begann der Ausbau der Burg zum Jagd- bzw. Residenzschloß. Das innere Stadtgebiet baute der reformierte Landgraf Philipp der Großmütige in Erwartung der Religionsstreitigkeiten zur Wasserfestung aus (1537 bis 1546). Noch heute sind große Teile des Wallgrabens und Teile der Stadtbefestigung im charakteristischen unregelmäßigen Viereck um Innenstadt und Schloß (seit 1842 Strafanstalt) erkennbar.

Seit 1728 wird die „Salatkirmes" (zwei Wochen nach Pfingsten) gefeiert - Reminiszenz an die Einführung des Kartoffelanbaus.

Bis Napoleon sie nach 1807 schleifen ließ, galt die Festung Ziegenhain als uneinnehmbar und trotzte den Belagerern und Eroberern vom Schmalkaldischen (1546) bis zum 30jährigen Krieg. Im Siebenjährigen Krieg wurde die Festung aufgegeben und beim Versuch der Rückeroberung von den eigenen Truppen schwer beschossen. Bis 1832 war Ziegenhain Garnisonsstadt.

1821 wurde Ziegenhain Kreisstadt. Der Ort wird auch „Herz der Schwalm" genannt, wenngleich die Stadt - ebenso wie Treysa - nie Heimat der bäuerlichen Bevölkerungsschicht der umliegenden Dörfer mit ihren einmaligen Trachten und der Schwälmer Mundart war.

> En Zeiehääng war Kärmes,
> Die Schwalm war of de Rees,
> Ee Jagd war das, ee Stärmes
> Von Alsfäld bis nach Trees;
> De Hannkut on seng Trine,
> Ds Grettche on seng Klos,
> De Hännes on ähr Mine -
> Of Zeiehääng gung's los.

Rörshain

Rörshain hieß 1213 „Reginharteshagen". Daß im Zweiten Weltkrieg bei Rörshain ein Ersatzflughafen für Kriegsflugzeuge eingerichtet wurde, büßten die Menschen bitter. Am 24. März 1945 warfen die Amerikaner 3000 Bomben, einige Häuser und die kleine Kirche wurden zerstört. Sechs Tote waren zu beklagen, fünf Menschen wurden verletzt, Vieh kam ums Leben.

Treysa

Treysa, auch „Das Tor zur Schwalm", ist um 786 erstmals als „Treise" belegt. Zur 1200 Jahrfeier 1986 erhielt die Stadt daher die Freiherr-vom-Stein-Plakette.

Um 1233 wird Treysa als Dorf erwähnt. Wohl um 1249, als die thüringischen Ansprüche auf die Grafen von Ziegenhain übergingen, erhielt der Ort Stadtrechte.

Um 1230 bis 1260 wurde die Martinskirche mit ihren romanischen und gotischen Stilelementen erbaut, deren erhabene Ruine noch heute steht. Nach der Reformation wurde der Gottesdienst in der ehemaligen Klosterkirche, die heutige Stadtkirche (erbaut um 1350 für das Dominikanerkloster, das 1527 aufgehoben wurde und beim großen Brand 1640 während des Dreißigjährigen Krieges völlig niederbrannte), verlegt. Seit 1593 hat der Turmhelm sein heutiges Aussehen. Der Sage nach war der noch heute genutzte Glockenturm mit Buttermilch bestrichen worden, um Belagerern eine üppige Versorgungslage der Stadt vorzuspiegeln.

Für die Martinskirche bürgerte sich bereits um 1600 der heutige Name „Totenkirche" ein, weil das Gotteshaus auf dem Gelände des ehemaligen Friedhofes nurmehr zu Beerdigungen genutzt wurde. 1834 wurde die Totenkirche durch Blitzschlag zerstört. Seit der Nachkriegszeit dient das imposante Gemäuer gelegentlich als Freilichtbühne.

Das Schloß „zu Treise" ist letztmalig 1360 beurkundet. Es muß an der Stelle der heutigen Apotheke am Marktplatz gestanden haben und wurde vermutlich im Sternerkrieg (1370/74) zerstört.

Schwer betroffen wurde Treysa durch die Folgen von Auszehrung und Einquartierungen im 30jährigen Krieg. Wann das erste Rathaus gebaut wurde, läßt sich nicht mehr zurückverfolgen. Im besagten Brand 1640 brannte es bis auf die Steinmauer mit dem gotischen Bogenfries nieder. Schon neun Jahre später war der Wiederaufbau des Hauses, weitgehend in seiner heutigen Gestalt, vollbracht.

Seit 1850, dem Bau der Main-Weser-Bahn, ist Treysa wichtiger Eisenbahnknotenpunkt. Bis zum heutigen Tag ist die Stadt Haltepunkt auf dieser Strecke. 1907 wurden die inzwischen stillgelegte Strecke Treysa-Hersfeld und der heutige Bahnhof gebaut. Auch die „Kanonenbahn", Richtung Berlin, durchquerte die Stadt.

Die Wurzeln des heutigen Hessischen Diakoniezentrums „Hephata" mit rund 1400 Bewohnern und 1100 Mitarbeitern gehen weit ins 19. Jahrhundert zurück. Die damalige „Anstalt Hephata" der Inneren Mission wurde 1893 vor den Toren Treysas gegründet. Vorläufer war das 1864 von Pfarrer Franz von Roques errichtete erste hessische Diakonissenhaus am Alten Feld in Treysa.

Trutzhain

1294 ist von „Trutishen" im Besitz der Grafen von Ziegenhain die Rede. Schon wenig später, im 14. Jahrhundert wurde der Ort verlassen.

1939 wurde ein Stammlager (STALG IX A) für Kriegsgefangene gebaut. Zunächst Polen, dann auch Franzosen, Belgier, Italiener und Russen waren hier interniert.

Nach Kriegsende dienten die Baracken als behelfsmäßige Unterkunft für Vertriebene. 1951 wurde Trutzhain selbständige Gemeinde. Seine Entstehung verrät der Ort schon aus der Vogelperspektive: Seine Straßenzüge wurden auf dem Reißbrett gestaltet, eine Reihe von Baracken-Wohngebäuden ist erhalten.

In den ersten Jahrzehnten entwickelte sich die „meist als Flüchtlingsgemeinde apostrophierte Gemeinde Trutzhain zu einem Zentrum heimatvertriebener Wirtschaft" (W. Frei) mit vielen Betrieben, die zum Teil noch heute existieren.

Ein sehenswertes kleines Museum im alten Trakt des modern ausgebauten Dorfgemeinschaftshauses erzählt von der wechselvollen jüngsten Geschichte. In einem Waldstück, 20 Gehminuten entfernt, gibt es Gedenkstätten und Friedhöfe für die hier umgekommenen Kriegsgefangenen und Zwangsarbeiter.

Wiera

Um 1197 ist Wiera an der Gemarkungsgrenze zu Neustadt, das früh ans katholische Mainz verkauft worden war, als „Wirahin" (Weiher/Wasser) bekannt. Auf dem nahegelegenen „Heidelberg" wurde 1932 eines von zwei Hügelgräbern freigelegt und wiederhergestellt. Es ist gut 1,50 Meter hoch und hat einen Durchmesser von 22 Metern. Flachbrandgräber und Einzelfunde aus der Jungstein- und Bronzezeit deuten wie in vielen anderen Gemarkungen des heutigen Schwalmstadts auf sehr frühe Besiedelung hin (umfangreiche Luttrop´sche Sammlung im Museum der Schwalm in Ziegenhain).

Ziegenhain

Ziegenhain war der Stammsitz des gleichnamigen Grafengeschlechts. Erstmals taucht es in einer Urkunde des Jahres 1144 anläßlich der Weihung der Hersfelder Stiftskirche auf. In 1994 feierte Ziegenhain daher 850jähriges Bestehen.

Die gut erhaltene Festung Ziegenhain - eine viereckige Anlage mit

Aus der Ortsgeschichte sticht ein Pfarrer namens Mannel (1788 bis 1835 in Allendorf) hervor, in dessen Haus die Brüder Grimm aber auch ziehende Studenten regelmäßig zu Gast waren. Er arbeitete zugleich als Arzt und unterhielt eine Privatschule.

Ascherode

Ascherode taucht 1072/1088 als „Eskenenrodern" auf. Kirche und Schule besuchten die Ascheröder lange Zeit im nahen Treysa. Es gibt nur wenige Urkunden über die Geschichte des Ortes. Wann die 1897 erweiterte Kapelle erbaut wurde, ist unbekannt. Möglicherweise hat das Dorf seinen Ursprung in dem Gut „Askorode", für das im Auftrage eines frühen Grafen von Ziegenhain Land gerodet wurde.

Dittershausen

Dittershausen, das Mitte des 13. Jahrhunderts erstmals erwähnt wird, bereitet sich auf seine 750-Jahrfeier vor. Der kleine Ort an der Schwalm ist von jeher mit dem Nachbarn auf der anderen Seite der Schwalm, Rommershausen, eng verbunden. Das Dorf geht auf ein Adelsgut derer von Dörnberg zurück und hieß anfangs „Dithardeshusin" oder „Diethardshausen". Im 15. Jahrhundert ist es als Wohnort von Burgmannen der Grafen von Ziegenhain bezeugt. In finanzielle Nöte geraten, verpfändeten diese Ritter das Dorf an einen Herrn von Urff. 1448 wurde das Pfand durch den hessischen Landgrafen eingelöst, Dittershausen wurde ein „hessisches" Dorf.

Im Dreißigjährigen Krieg litten die Bewohner schwere Not, die Kapelle wurde vermutlich damals zerstört.

In der Nähe befinden sich einige Wüstungen, so das verschwundene Dorf Blumenau, an das noch eine Flurbezeichnung erinnert. Um die ehemalige „Pfennigsmühle" nahe des Ortes rankt sich eine Sage. Sie soll in einem schweren Gewitter im Moor versunken sein. Ein Bettler soll die geizige Müllerin verflucht haben, die ihm die Tür gewiesen hatte, während sie mit frischgebackenem Brot den Dielenfußboden reinigte.

Florshain

Florshain entstand vermutlich um das Jahr 1520. Ein Taufstein in der Kirche trägt diese Jahreszahl. Der Heimatchronist Heinz Krause zeichnete auf, daß die Bevölkerung des verschwundenen Dorfes Biedenbach damals hierher übersiedelte. Ein bereits bestehender Hof mag den Namen gegeben haben.

Zu den wenigen Opfern, die der Zweite Weltkrieg in der Schwalm forderte, gehören zwei Frauen und zwei Kinder aus Florshain. Sie starben durch eine amerikanische Bombe am 2. März 1945.

Frankenhain

Wurde auch 1297 ein Ort namens „Franckenhain" bezeugt, so ist das heutige Frankenhain dennoch mit Sicherheit eine Hugenotten-Siedlung, etwa einen Kilometer entfernt von der Wüstung dieses Namens. Der reformierte Landgraf Karl ließ 1699 etwa 100 französische Flüchtlingsfamilien nach Treysa kommen. 24 Familien siedelten sich vor dem „Frankenhain" an. Sie arbeiteten überwiegend als Strumpfweber, Leinweber und Obstbauern („Kirschenkirmes"). Es war eine von rund 25 Niederlassungen der evangelischen Glaubensflüchtlinge an der Wende vom 17. zum 18. Jahrhundert in Hessen.

Im Frühjahr 1754 war die Kirche in Frankenhain fertiggestellt, bis 1793 wurde ausschließlich in Französisch gepredigt. Über drei Generationen stellte die über Basel aus dem Languedoc nach Treysa gekommene Familie v. Roques Pfarrer in Treysa. Französische Familiennamen haben sich bis heute erhalten.

Michelsberg

Traditionell wurden in Michelsberg Töpferwaren, Ziegel und Backsteine hergestellt; viele Familien fanden in diesem Handwerk bis zur Jahrhundertwende ein leidliches Auskommen. Zahlreiche Stücke des oft mit Sinnsprüchen verzierten Gebrauchsgeschirrs der Schwälmer Bauern sind erhalten. In der Nachbarschaft liegt die Wüstung Knechtebach, das schon im Hohen Mittelalter ein Töpferzentrum war.

Niedergrenzebach

Einer aufgezeichneten Wunderheilung in „Grincenbach", zu datieren im Jahre 1019, verdankt Niedergrenzebach in dichter Nachbarschaft Ziegenhains seine erste Erwähnung. Etwa Mitte des 13. Jahrhunderts wurde eine Holz- oder Fachwerkkirche gebaut, an deren Stelle 1743 das heutige Gotteshaus errichtet wurde. Aus dem Jahr 1611 ist eine verheerende Pestepidemie bezeugt.

Rommershausen

Der in Rommershausen erhaltene Landsitz stammt aus den Jahren 1539 bis 1549 und wurde für den „Hessischen Rat" Reichart Rink erbaut (später Besitz der Familie von Hoff, heute im Besitz der Familie von Schwertzell). Das Portal verbindet gotischen Stabwerksschmuck mit figürlichen Medaillons der Renaissance, Schöpfer war der bekannte hessische Bildhauer Philipp Soldan.

Rommershausen war ursprünglich eine Besitzung des Klosters Haina. Wohl aus diesem Grund ist schon 1562 eine Schule nachweisbar.

Nicht weit von der Ortschaft ging 1916 ein kürbisgroßer Meteorit nieder, der nach seiner Auffindung wissenschaftlichen Ruhm erlangte. Eine Nachbildung ist im Museum der Schwalm (Ziegenhain) zu sehen.

Einführung

Das Gesicht Schwalmstadts ist so facettenreich wie die Dörfer und Städte, aus denen es vor knapp einem viertel Jahrhundert gebildet wurde. Sicherlich ist es kein Zufall gewesen, daß man - als die hessische Gebietsreform Anfang der siebziger Jahre die Grundlagen dazu schuf - für die neue Stadt den charakteristischen Flußnamen „Schwalm" wählte. Unter diesem Begriff firmiert bereits seit dem 19. Jahrhundert, den Zeiten der ältesten deutschen Malerkolonien in den Dörfern entlang des malerischen Eder-Zuflusses, eine Kunst- und Kulturlandschaft, die einst vor Worpswede und den Allgäuer Künstler-Zentren rangierte.

Die Eigenschaften derentwegen sich Maler, Literaten und später Fotografen die Schwalm zum zeitweiligen oder völligen Wohn- und Arbeitsort erwählten, sind bis ins Heute sichtbar - allem modernen Wandel zum Trotz. Sie waren es auch, die seit etwa 1830 überreich in Zeichnungen, Radierungen, Gemälden sowie schriftlichen Zeugnissen und Fotos das unverwechselbare Wesen der Menschen und des Landstrichs bannten.

Was war und ist das einzigartige an Land und Leuten? Ein bißchen respektlos kalauerte 1846 der Maler Ludwig Knaus anläßlich eines Besuchs in der Schwalm in einem Brief an seine Eltern: „Waden und Kuhfladen sind hier gut gerathen, Speck und Eier sind auch nicht theuer." Kaum weniger deftig nimmt sich auch diese Passage, entnommen einer Festschrift aus dem Jahr 1906 aus: „Hier sitzt noch ein echter Bauernstand, einfach, treu und bieder. Mit Fleiß und Ausdauer geht der Bauer an die Bewirtschaftung seines Grundbesitzes, dabei ist er sparsam und hängt zäh am Althergebrachten." Wenn eine solche Beschreibung ländlicher Verschlossenheit aus heutiger Sicht einen schalen Ruch angenommen hat, so hat ein ausgewiesener Schwalm-Kenner, der kürzlich verstorbene Belgier Rene van de Zipje, Mitte der siebziger Jahre diese charmante und zeitgemäße Formel gefunden: „Die Schwälmer lernte ich am besten kennen bei ihren Festen. Die Hutzelkirmes dieses Sommers (alljährlich am 2. Sonntag im August in Treysa) mit ihrem Jubiläumsfestzug war ein einzigartiges Erlebnis, vor allem wegen der großen Freude, dem Optimismus, der Lebensbejahung, die das ganze ausstrahlte." Und weiter: „Hier erlebe ich zum ersten Male den Schwung des Schwälmer Landes: kräftig, urwüchsig, würzig, überraschend und deshalb überzeugend ... So viel Natürlichkeit, so viel Gefühl, so viel Gemüt", schwärmte der Germanist, der immer wieder hierher kam. Ungezählte Male wurde das bis heute ausgeprägte Bewußtsein der Schwälmer für Mundart, Brauchtum und Handwerk gewürdigt.

Zwei Mißverständnisse gilt es an dieser Stelle freilich aufzuhalten: Bei aller Idylle, die es in der Schwalm gibt, darf kein bäuerliches Eiland auf etwa halbem Weg zwischen Marburg und Kassel beschworen werden. Moderne landwirtschaftliche Betriebe, mittelständischer Handel und Industrie, ein Bundeswehrstandort und Hephata, die größte evangelische Einrichtung in Hessen (beides Treysa) sowie einige bedeutende Unternehmen, etwa eine Schuhfabrik von Weltruf (zwischen Ziegenhain und Ascherode), tragen das Auskommen der Schwälmer heute.

Und: Schwalmstadt ist nicht gleich die Schwalm, obwohl es wichtige Teile dieses traditionsreichen Gebiets umschließt. Strenggenommen gehören Niedergrenzebach, Ascherode, Wiera und Allendorf/Landsburg zu dem Bereich, in dem die ausgefallene Schwälmer Tracht getragen wurde und noch heute von alten Frauen getragen wird.

Schwalmstadt, dazu zählen einmal die beiden Städte Treysa (früheste Belege um 800) und Ziegenhain (1144 als Grafensitz beurkundet). Es sind die Pole, um die herum die elf Schwalmstädter Dörfer liegen. Pole, diese Wendung signalisiert schon ein wenig den Doppelstadt-Charakter, den Treysa und Ziegenhain nicht aufgeben. Die Alteingesessenen taten und tun sich mit dem Aufgehen ihrer Heimatorte in Schwalmstadt nicht immer leicht - was auch für die kleineren Stadtteile Gültigkeit besitzt. Doch: Wenn sich die Hessentagsstadt Schwalmstadt heute als leistungsfähiges, wirtschaftsstarkes Mittelzentrum präsentieren kann, so ist dies zweifellos auch ein Verdienst der Kräfte-Summierung aller Stadtteile. Der Erhalt der jeweiligen Identität hat der jungen Stadt Tradition, Charisma und Schönheit vererbt.

Geschichte

Die geographische Lage des heutigen Schwalmstadt weist es vom frühen Mittelalter an als exponiertes Durchgangsland aus. Die ältesten bekannten Fernstraßen nach Norden verliefen in verschiedenen Strängen durch das spätere Schwälmer Land. Auch die „Langen Hessen" (Gießen - Thüringen) und die „Niederrheinische Straße" (Siegerland - Hersfeld) kreuzten die Gegend. Doch streifen Sie selbst durch das Brevier der beredten Geschichte der dreizehn Ortsteile.

Allendorf/Landsburg

Erstmals wird Allendorf/Landsburg 1196/97 als „Aldendorf" erwähnt. 1344/45 erbauten die Grafen von Ziegenhain hier die Landsburg, die im 16. Jahrhundert zerfiel.

Eine Basaltsteingrube zeugt noch von der umfänglichen Gewinnung dieses Natursteinmaterials seit 1891. Der eindrucksvolle, hier vom „Knüllgebirgsverein" im Jahre 1909 errichtete Aussichtsturm wurde im Zuge des Basaltabbaus gesprengt.

Vorwort

Annemone Quehl

Schwalmstadt ist mit rund 18.000 Einwohnern die größte Stadt im Schwalm-Eder-Kreis. Gelegen zwischen den Ausläufern von Vogelsberg, Knüll und Kellerwald, dehnt sich das Stadtgebiet in den Niederungen des Schwalmtales am Mittellauf des Flüßchens Schwalm aus. Es verbindet die Kerngemeinden Treysa und Ziegenhain.

Beide Städte waren in früheren Jahren von wiederkehrenden Hochwassern betroffen - bis zum Ausbau der Schwalmwiesen zu Regenrückhaltebecken in den sechziger Jahren. Danach wurde die weiträumige Erschließung der Stadtperipherie für neue Schulen, Kindergärten, Firmenansiedlungen und Wohngebiete möglich. „Vor der Haustür" finden sich ausgezeichnete Freizeit- und Sportmöglichkeiten wie Segelflug, Radfahren und Reiten. Im Frühjahr und im Herbst zeigen sich die Wiesen zwischen den Stadtteilen Treysa, Ziegenhain und Ascherode immer wieder als malerische Seenlandschaft, die sich in der kalten Jahreszeit nicht selten zu einer riesigen Natureisfläche verwandelt.

In leichten Wellen erhebt sich um die Schwalmebene mit ihren grundwassernahen Böden nach wie vor landwirtschaftlich genutztes Gras- und Ackerland mit vielen Hecken und Baumgruppen. Ein landschaftlich reizvolles und abwechslungsreiches Gebiet mit ausgedehnten Wäldern an seinen Rändern. Ungezählte bezaubernde Plätze und Biotope finden sich an der Schwalm und in ihrem Hinterland. Am Horizont zeichnen sich bei klarem Wetter die umgebenden Höhenzüge des hessischen Mittelgebirges ab.

Doch gehen Sie vor allem mit auf einen Rundgang durch die Hessentagsstadt 1995, im vorderen Teil des vorliegenden Bandes durch die Stadt der Zünfte - Treysa -, dann durch die alte Festungsstadt Ziegenhain und schließlich durch die elf kleineren Ortsteile. Geschichtsträchtige Stätten mit einer Fülle prachtvoller Fachwerkgebäude, stolzen Kirchen und gut erhaltenen Stadtbefestigungen sind zu entdecken. In den hübschen Dörfern des Schwälmer Landes müssen malerische Höfe und Winkel nicht lange gesucht werden.

Preface

Annemone Quehl

Schwalmstadt, with approximately 18,000 inhabitants, is the largest town in the Schwalm-Eder region. Situated in the foothills of the Vogelsberg, Knüll, and Kellerwald hills, the town extends along the low-lying areas of the Schwalm valley in the middle stretch of the Schwalm river. It connects the core communities of Treysa and Ziegenhain.

Earlier, until the extension of the Schwalm meadowland in the sixties, both towns suffered repeated flooding. Thereafter, it was possible to develop the outlying districts for new schools, kindergartens, industrial parks, and residential areas. "Right outside the front door" there are excellent facilities for sports and recreational activities such as gliding, bicycling, and horse riding. In spring and autumn the meadows between the districts of Treysa, Ziegenhain, and Ascherode are frequently transformed into a picturesque lake, which in the cold season often becomes a huge natural ice rink.

Around the Schwalm plain with its ground water close to the soil still lies the gently rolling meadow and farmland with its many hedges and bosques. Beautiful, ever-changing countryside surrounded by extensive woodland. Countless enchanting spots and biotopes are to be found in the Schwalm and its hinterland. On the horizon in clear weather, the surrounding ranges of the Hessian hill country can be seen.

But come along on a walking tour of the town chosen to host the Hessen Fair in 1995, in the first part of this volume through the town of the guilds - Treysa - then through the old fortified town of Ziegenhain, and lastly through the eleven smaller districts. Sites of historical interest with an abundance of splendid half-timbered houses, proud churches, and well-preserved town ramparts await you. No need to search long for picturesque courtyards and corners in the pretty villages of the Schwalm region.

Dieses Buch zeigt, daß es sich lohnt hier Halt zu machen, sich Zeit zu nehmen zum Verweilen und zu beschauen. Diese Stadt mit ihrer Historie, ihren Dörfern, Zeugen der Geschichte hat viel zu bieten. Diese Landschaft lädt zum Rasten und Erholen ein. Oft gehen wir achtlos an den Schönheiten unserer Heimat vorüber. Deshalb nehmen Sie dieses Buch als Anregung zur Erkundung der Sehenswürdigkeiten dieser reizenden Stadt im Schwälmer Land.

Wilhelm Kröll
Bürgermeister

This book invites you to stop off here, to take time to linger and look. The town, with its history and its surrounding villages bearing witness to the past, has much to offer. The countryside beckons the traveller to rest and relax. Very often we fail to see the beauty of our own homeland. I recommend this book to you and urge you to discover the sights of this charming town in the Schwalm region.

Wilhelm Kröll
Mayor

SCHWALMSTADT

Fotografiert von Marlies Reitz

Texte von Annemone Quehl

Wartberg Verlag

Herausgegeben von Renate Schweiß und Marlies Reitz.

1. Auflage 1994
Alle Rechte vorbehalten, auch die des auszugsweisen Nachdrucks und der fotomechanischen Wiedergabe.
Druck: Interdruck, Leipzig
Buchbinderische Verarbeitung: Fleischmann, Fulda
© Wartberg Verlag Peter Wieden
34281 Gudensberg-Gleichen, Im Wiesental 1
Tel.: 05603/4451 u. 2030
ISBN 3-86134-212-X

SCHWALMSTADT